Aiuto, speranza e felicità

Il divorzio spiegato ai miei genitori

Libby Rees

Aiuto, speranza e felicità

Il divorzio spiegato ai miei genitori

Traduzione di Fabrizio Ascari

asSaggi Bompiani

Illustrazioni di Al Knight

Rees, Libby, *Help, Hope and Happiness.*

First published in Great Britain
by Aultbea Publishing Company, Inverness, 2005

Via Mecenate 91 - 20138 Milano

ISBN 88-452-5736-3

Prima edizione Bompiani settembre 2006

A mamma,
che mi ha sempre incoraggiata
a seguire i miei sogni

Premessa

Ho scritto questo libro perché so per esperienza che giova rendersi conto che non si è soli nel dover affrontare i problemi. Volevo dividere con gli altri il mio modo di affrontare la vita.

Cari lettori

Questo libro è pieno di idee su come condurre una vita più positiva e coronata di successi. Perciò dateci un'occhiata e ispiratevi...

Ho avuto alcuni problemi piuttosto grossi da affrontare, anche se ho solo nove anni. Spero troviate questo libro utile e incoraggiante, perché mi piacerebbe aiutare più persone possibile a credere in se stesse.

Fate una pausa

Cercate di trovare un po' di tempo per stare da soli. Godetevi il film o il libro preferito, che vi distrarranno dalle preoccupazioni e vi aiuteranno a rilassarvi. Dopo un'adeguata pausa, vi sentirete più felici, vitali e in grado di far fronte a qualsiasi problema.

La frase speciale

Pensate a una frase buffa che vi fa sempre ridere! Ripetetevela quando vi sentite tristi e vi tirerà su. Mamma e io abbiamo ascoltato la cassetta di "Scalata in discesa" di Jacqueline Wilson. Uno dei personaggi aveva un giocattolo di maglia e alcuni bulletti lo canzonavano dicendo che era un "pipino rosa". Anche se non ci sono piaciuti i bulletti, il pensiero di un giocattolo di maglia che sembra un pipino rosa non manca mai di farci ridere. Così "pipino rosa" è diventata la nostra frase speciale.

Pensate positivo

Ogni volta che succede qualcosa, cercate di trovarne gli aspetti positivi. Probabilmente conoscete il detto "Non tutto il male viene per nuocere". Beh, a ben guardare potete trovare qualcosa di buono persino nelle situazioni peggiori. La mattina, per prima cosa, cercate di guardarvi allo specchio e di ripetervi cinque volte ad alta voce: "Ogni giorno che passa mi va meglio!" Io l'ho fatto: credetemi e comincerete davvero ad avere una visione più positiva della vostra vita.

Una vittoria

Cercate di vincere la paura che vi incute qualcosa, per esempio un ragno. Cominciate col toccarne uno piccolo, non una tarantola. Questo senso di vittoria vi incoraggerà ad affrontare altre sfide nella vostra vita e a rendervi conto di avere una grande forza interiore. Potete anche conseguire traguardi importanti con la forza del pensiero. Concentrandovi su ciò che volete realizzare, avrete più probabilità di riuscire.

La sera Gadé

GADÉ sta per "Grazie a Dio è...", da completare con la sera della settimana che considerate speciale. Potrebbe essere venerdì sera perché la settimana di scuola è finita o martedì perché c'è il vostro programma televisivo preferito. Dipende da voi, ma avere una sera speciale da aspettare con impazienza vi aiuterà a far volare le settimane.

Date uno sguardo alla vostra settimana

Prendetevi un po' di tempo per dare uno sguardo retrospettivo alla settimana appena trascorsa e giudicate che cosa ha funzionato bene e che cosa ha costituito un problema per voi. Poi pensate a come potreste cambiare il risultato perché faccia al caso vostro e programmate la settimana seguente usando questa nuova strategia. Pensate intensamente a ciò che volete conseguire e sarete già a metà dell'opera.

Sfogatevi

Trovate un posto dove potere stare da soli e sfogatevi: urlate, strillate, pestate i piedi, fate tutto quello di cui avete voglia. Questa attività fisica vi aiuterà a dare sfogo a tutta la rabbia che avete dentro. Lanciare qualcosa va a fagiolo. Trovate degli stecchi o dei sassi e uno spazio aperto. Poi, per ogni sasso o stecco che lanciate, gridate le cose che vi irritano. Dopo vi sentirete molto più calmi.

Associatevi a un circolo

Qualche volta dovreste davvero fare qualcosa per distrarvi la mente, ad esempio associarvi a un circolo vi aiuterà a dimenticare i vostri problemi e a trovare qualcosa di nuovo che vi piaccia fare. Un circolo culturale è una buona idea o un circolo sportivo che vi farà pure bene alla salute. È anche un modo di provare a voi stessi che avete la capacità e la forza di effettuare dei cambiamenti nella vostra vita.

Scegliete un progetto

Dedicatevi a un progetto di vostra scelta. Potrebbe essere qualcosa che avete studiato a scuola e che volete approfondire o semplicemente un argomento che vi piace. Potreste pensare di costruire qualcosa con le vostre mani o cercare di acquisire un'abilità pratica, come il cucinare, che potrebbe tornarvi utile in futuro.

Corpo sano, mente sana

Se fate esercizio fisico, nel vostro corpo entrano in circolo delle sostanze chiamate endorfine che gridano: "Ehi, ci sentiamo bene!" e convincono tutte le altre parti del vostro corpo, compreso il cervello, che siete pronti a far fronte a qualunque evenienza. Perciò uscite e allenatevi!

Tre parole: terapia delle compere

Risparmiate un po' di denaro, non c'è bisogno che sia molto. Prefiggetevi un giro di compere cercando qualcosa di veramente speciale e che valga il denaro che spenderete. Non spendete tutto il vostro denaro nel primo negozio in cui entrate. Questo esercizio vi aiuterà a concentrarvi su qualcosa di diverso, e fare il giro dei negozi vi manterrà in forma (prendete alla lettera la frase: passare da una vetrina all'altra fino a cadere per la stanchezza). Questo è anche un modo straordinario per stimolare la parte creativa del vostro cervello osservando e giudicando tutti i colori e i modelli.

Pulizia

Potete pensare che riordinare la vostra stanza sia un lavoro ingrato, ma una bella pulizia può davvero rimettervi in sesto. Sarà assai più facile trovare le cose, vi libererete della confusione ed eviterete perciò la ricerca frustrante della vostra t-shirt preferita. Applicate la stessa logica alla vostra cartella e all'astuccio per le matite, e sarete pronti per un nuovo inizio.

Uscite e andate in giro

Chiusi in casa vi sentirete più stanchi, infelici e pigri che mai. Cercate di andare all'aperto anche se soltanto in giardino. L'aria fresca vi rianimerà e comincerete a sentirvi meglio. Stabilite un breve percorso che potete effettuare in quindici o venti minuti. Questo vi darà un po' di tempo senza distrazioni per pensare alla soluzione dei vostri problemi, perciò cercate di farlo due o tre volte la settimana.

Uno sforzo in più

Cercate di fare uno sforzo in più per essere gentili con le persone che vi circondano e scoprirete che le vostre amicizie e le vostre relazioni si rafforzeranno. Se lo fate, noterete di piacere a più gente e sarete in grado di piacere di più anche a voi stessi.

Prendetevi un animale

Se possibile, trovate un animale per casa vostra la cui responsabilità spetti solo a voi. Può essere un animale qualsiasi, dalla formica all'elefante, purché ve ne prendiate cura. Se non potete tenere un animale in casa, allora provate a chiedere a un vicino o a un parente se potete condividere il compito di accudire il loro animale. Nel prendervi cura dei bisogni dell'animale scelto sarete ricompensati dalla soddisfazione di aver compiuto un gesto altruista.

Scrivete un diario

Trovate un piccolo diario o taccuino per annotare tutte le vostre preoccupazioni e i vostri pensieri negativi. Mettendoli sulla carta, li fate uscire dalla vostra mente. Quando il diario è pieno, non rileggetelo, ma aspettate la notte di Guy Fawkes* e gettatelo nel falò. Quando il diario brucia, avrete l'impressione che anche i problemi vengano consumati dal fuoco.
(Fate attenzione a non avvicinarvi però troppo al falò!)

*(*N.d.T.* In Inghilterra, un fantoccio vestito di stracci viene bruciato in un falò la notte del 5 novembre, anniversario della congiura contro il re organizzata nel 1605 dal cattolico Guy Fawkes.)

Datevi da fare

Più vi impegnerete in un progetto, più i vostri risultati saranno brillanti. Avrete maggiore soddisfazione e sarete più orgogliosi facendo qualcosa davvero bene, con il massimo impegno, piuttosto che facendolo male e ottenendo un risultato modesto. È assai più bello essere lodati che sentirsi dire che non si è fatto quanto si sarebbe potuto.

Azioni quotidiane

Cercate di fare qualcosa per qualcuno. Forse c'è una persona nella vostra vita che fa molto per voi e potete ripagarla in qualche modo aiutandola con piccoli compiti, per esempio apparecchiando la tavola, sparecchiando o cercando di andare d'accordo con i vostri fratelli o le vostre sorelle.

Fregatevene

Finitela di preoccuparvi di quello che pensano gli altri. Probabilmente vi apprezzeranno assai di più se vi rilassate e siete voi stessi. Se sono amici veri, piacerete loro per come siete; se non lo fanno, allora non sono il genere di amici di cui avete bisogno.

Fate una lista

Fate una lista settimanale e vedete di trovare del tempo per voi stessi. Programmando le cose in anticipo, potete usufruire del vostro tempo libero nella maniera migliore. Per annotare la vostra lista usate un diario, un'agenda o, se siete in gamba con l'informatica, il computer.

Biscotti o dolci

Siate creativi in cucina. Un giorno dovrete cucinare per voi stessi, allora perché non cominciare adesso ad imparare qualcosa che potrebbe servirvi in futuro? È una grande soddisfazione preparare da soli un piatto gustoso che si può poi dividere con gli altri. In noi tutti c'è il bisogno di soddisfare le nostre esigenze creative e questo è un modo divertente per farlo.
Mi raccomando: ricordatevi di consultare un adulto prima di cominciare!

Le canzoni della felicità

Date un'occhiata alla vostra raccolta di cd e cercate i pezzi che associate a ricordi felici o le canzoni che vi fanno sempre venir voglia di lasciarvi andare e di mettervi a ballare! Rimarrete sorpresi dalla velocità con cui il vostro umore può migliorare e dall'energia che a un tratto vi sentirete in corpo.

Istantanee

Sfogliate i vostri album di foto e soffermatevi sulle istantanee che mostrano una bella giornata all'aperto o un avvenimento felice. Chiudete gli occhi per alcuni secondi e richiamate alla memoria tutti i momenti positivi e gioiosi che avete avuto.

Un problema
condiviso
è un problema
dimezzato

Confidatevi con il vostro amico più caro. Traducendo i vostri pensieri in parole, esprimendoli ad alta voce a un amico e discutendone con lui, le cose vi sembreranno subito più facili. Potete persino scoprire che il vostro amico ha avuto preoccupazioni simili e può essere in grado di aiutarvi.

Sogni d'oro

Se avete un buon riposo notturno, sarete in grado di affrontare meglio il mondo. Evitate di mangiare tardi la sera, specialmente formaggio e fagioli in scatola (ho detto abbastanza!) poiché la digestione laboriosa vi farà agitare e rigirare nel letto. Prima di andare a dormire, cercate di concentrarvi su qualcosa di rilassante. Potreste anche trovare utile la lettura.

Guardate
un film
davvero triste

Se vi sedete a guardare un film che è davvero toccante e commovente, è come girare una chiave in una serratura: tutti i sentimenti repressi verranno liberati e vi sentirete assai meglio. Il nostro corpo è progettato per mostrare l'emozione e con l'atto fisico del pianto troverete sollievo.
Tenete i fazzoletti a portata di mano!

Curate il vostro aspetto e vi sentirete meglio

Sia che vi prepariate ad andare a scuola ogni giorno o che dobbiate incontrare i vostri amici durante il fine settimana, badate di curare il vostro aspetto. Indossare le vostre cose più belle vi farà sentire bene. Se dovete portare un'uniforme scolastica, cercate di avere i capelli a posto o la cartella e l'astuccio in perfetto ordine.

Ritenetevi fortunati

C'è sempre qualcuno che sta peggio di voi! Davvero, credetemi, basta che guardiate i telegiornali e scoprirete che nel mondo succedono un sacco di cose disastrose per tantissima gente. Ringraziate il cielo di non essere vittime di qualcosa di terribile come una guerra, una carestia o uno tsunami.

Cambiate le cose per il meglio

Combattete la povertà del mondo o affrontate qualche altra sfida per aiutare un'istituzione filantropica. Questo vi renderà euforici e anche se ci sono cose che non siete in grado di cambiare all'istante nella vostra vita, contribuirete almeno a migliorare la situazione di qualcun altro.

Carpe diem

Un po' di latino per voi. Se non avete visto il film "L'attimo fuggente" *, allora guardatelo. Il film invita a sfruttare al massimo ogni giorno e ogni opportunità che vi si presenta. Non vorrete considerare la vostra vita trascorsa come una serie di opportunità mancate, eh?

*(*N.d.T.* Film Usa del 1989 di Peter Weir con Robin Williams. Un giovane insegnante di materie umanistiche arriva alla Welton Academy, dove regnano onore, disciplina, tradizione, e ne sconvolge l'ordine imbalsamato insegnando ai ragazzi, attraverso la poesia, la forza anarchica e creativa della libertà.)

Indice

appunti

appunti

appunti

appunti

appunti

Finito di stampare nel mese di settembre 2006 presso
Cartoedit S.r.l. - Città di Castello (PG)
Printed in Italy